うまくいかなくて、ちょうどいい。

「もう疲れた」と思ったら読む本

中谷彰宏

あさ出版

頑張ったのに
結果が出なかった日は
こう自分に聞こう。
「今日いくつ
種をまいたかな」

彰宏

あきひろ

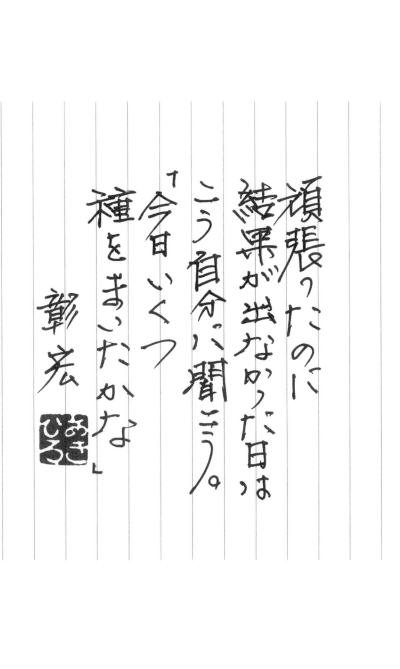

この本は、3人のために書きました。

①頑張ることに、疲れてしまっている人。

②「やめたい」と思っている人。

③「疲れている人」を応援してあげたい人。

1

本は、おみくじ。開いた1ページに、今必要なメッセージがある。

この本は、全部読まなくて大丈夫です。
パッと開いたページを、1ページだけ読むだけでいい。
きっとそこに、今の自分に必要な言葉があります。
本が、読む人に話しかけてくれます。

第1章 「人間関係」に疲れたら

第2章

「仕事」に疲れたら

23
仕事が終わらないのではない。
終わらないくらい、
仕事を持てているのだ。
040

24
疲れるのは、
一生懸命している証拠。
041

25
「叱られないように」すると、疲れる。
「やりたいから」、しよう。
042

26
手を抜くと、疲れる。
手間をかけると、楽しくなる。
043

27
やる気を出そうとすると、疲れる。
ルーティンにしておくだけでいい。
044

28
一つの仕事が終わるのは、
他の新しいことをする時間を
神様がくれたのだ。
045

29
キャッチボールのコツは、
150㎞を投げることではない。
とにかく、返すだけでいい。
046

30
うまくいかない時は、
もっと力を入れる努力より、
違うやり方でする工夫をしよう。
047

31
叱られた時は、
心で受け止めると、疲れる。
頭で、受け止めればいい。
048

32
ツッコまれるのは、
愛されている証拠。
049

33
苦情をいただいたのではない。
貴重なアドバイスをいただいたのだ。
050

第3章 「コミュニケーション」に疲れたら

第4章 「SNS」に疲れたら

第5章 「恋愛」に疲れたら

第6章
「勉強」に疲れたら

第7章
「お金」のことが不安になったら

第8章 「健康」が不安になったら

第9章 「家族」に疲れたら

第10章 「生活」に疲れたら

第11章 「明日」が不安になったら

第12章 「生きること」に疲れたら

本文デザイン・DTP／梅里珠美（北路社）
校正／小池桃子

第1章

「人間関係」に疲れたら

2

「やめたい」と思ったら、感謝することを、思い出そう。

「やめたい」と思ったら、やめてもいい。

その前に、感謝することを、思い出してみましょう。

感謝することを思い出したあとで、やめるかどうか、もう一度考えてみても遅くはありません。

「やめたい」と思う時は、忘れていた感謝を思い出すチャンスでもあります。

3

あの人は、悪意があるのではない。知らないだけだ。

あなたに嫌なことをする人は、悪意があるのではありません。
悪意があると思うと、むっとします。
ただ、ちょっと無知なだけです。
無知だと考えると、イラッとせずにすみます。

4

イラッとすると、疲れる。笑うと、疲れがとれる。

イラッとするのが、一番エネルギーをムダに消耗します。
エネルギーのムダ遣いは、二重に損です。
イラッとしなくてもいいのです。
笑うことで、エネルギーを取り返すことができます。

5

こちらには、事情がある。相手にも、事情がある。

「こっちにも、事情があるんだ」と、つい怒鳴りたくなります。
きっとそれは、相手も思っています。
事情は、すべての人にあります。
おたがい事情があると気づけば、チャラになります。

6

他人に感じるストレスは、自分に対するストレスだ。あの人の前に、自分を許そう。

「あの人のココが嫌い」という時、それは「自分に似ている部分」です。
自分を許せないので、あの人を許せないのです。
もっとも自分を疲れさせているのは、あの人ではありません。
自分を許せない自分自身なのです。

7

ガッカリするのは、期待が大きすぎたから。期待しすぎないと、ガッカリしない。

期待しすぎたのは、自分の側の勝手です。
期待が大きいと、ガッカリも大きくなります。
ワクワクしながら、同時に期待を持ちすぎないことです。
話がまとまりそうな時ほど、期待せずに、楽しみに待ちましょう。

8

相手に、100点満点を求めない。50点でいい。残りの50点は、自分の楽しみに。

イラッとして疲れるのは、相手に100点を求めるからです。
部下にも、上司にも、お客様にも、100点を求めないことです。
50点あれば、御の字です。
残りの50点は、自分の楽しみにとっておきましょう。

9

感謝されないことで、運の貯金がたまっている。

「せっかく、してあげた」のに、褒められないことも少なくありません。
感謝もされないのが、社会です。
そんな時は、運の貯金をしたと考えましょう。
褒められたり、感謝されたら、運を使ってしまうところでした。

10

近づきすぎると、疲れる。近づいたり、離れたりすると、ちょうどいい。

疲れる原因は、自分から近づきすぎているからです。
離れすぎても、寂しい。
距離は、その都度、伸び縮みさせるのがいい。
伸び縮みさせることで、相手も疲れません。

11

「上司も、家族に怒鳴られている」と考えると、愛おしくなる。

嫌な上司は、ラスボスではありません。
嫌な上司の上には、さらに嫌な上司がいるものです。
嫌な上司は、家に帰ると、奥さんやお子さんに、
怒鳴られていたりするのです。

12

悪い人はいない。悪役を演じているだけだ。

社会は、ドラマと同じです。
誰しもが、ある役割を演じています。
役割と人格は、別物です。
悪役を誰かが演じることで、善人役も生まれるのです。

13

にらんだ人からは、にらみ返される。見つめた人からは、見つめてもらえる。

なんで、あの人はにらむのでしょう。
きっと、相手もそう思っています。
実は、自分のほうが先にしていることに、気づいていないだけです。
にらまれるより、見つめられるほうが、いいです。

14

誘われなかったんじゃない。一人の時間をもらえたのだ。

自分だけ誘われなかったのは、嫌われたからではありません。誘われなかったことで、自分の時間をもらえたのです。誘われていたら、今日したかったことが、できなくなります。せっかく誘われなかった時間を、感謝して活かしましょう。

15

疲れるのは、いい。
疲れた人の気持ちが、わかるから。

もし、疲れることを知らなかったら、
疲れた人の気持ちはわかりません。
まわりの人は、みんな疲れています。
自分も疲れることで、優しい人になれます。

16

裏切られたんじゃない。自分が、決めつけていただけだ。

裏切られたというのは、
自分の思い通りに行かなかったというだけです。
相手も、自分の人生のために生きています。
まわりの人を、自分のために勝手に決めつけないことです。

17

「いい人」と感じた人が、「いい人」になる。

「この人は、いい人だ」という直感は、当たります。
いい人だから、いい人と感じたのではありません。
いい人だと感じたから、いい人になったのです。
嫌な人だと決めつけると、嫌な人になってしまいます。

18

「みんな好き」と言うと、しんどくなる。嫌いなまま、礼儀正しくすればいい。

「みんな好き」でなければならないと思うと、疲れます。
好き嫌いがあって、当たり前なのです。
好きにならなくていいのです。
嫌いなままで、付き合えるように、礼儀があるのです。

19

「なんで、あの人は気づかないのか」とイラッとするより、気づいている自分に幸せを感じる。

「なんで、こんなことも、あの人は気づかないんだろう」と考えると、疲れます。

「あの人が、気づかないことに、自分は気づけていて、幸せだ」と考えると、ありがたく感じます。

20

ストレスは、人にではなく、空間に生まれる。

ストレスを感じるのは、相手にではありません。ストレスは、相手ではなく、自分と相手の間にあります。相手を変えなくても、自分の関わり方を変えることで、相手と自分の間のストレスを、押し流すこともできます。

21

怒っている人がいたら、いったん場所を変えよう。

怒ることは、全力疾走したくらいの、エネルギーを消耗します。疲れるので、永遠に怒り続けることはできません。怒っている人は、鎮《しず》めるタイミングを探しています。場所を変えることで、怒りを鎮めるキッカケを提供しましょう。

22

嫌な人には、「この人は、これまでだいぶ損をしているだろうな」と考える。

嫌な人を許せないのは、「嫌な人が、得をしている」と感じるからです。
嫌な人は、どこでも「損をしています」。
きちんとツケを払わされていると考えれば、同情できます。

第2章

「仕事」に疲れたら

23

仕事が終わらないのではない。終わらないくらい、仕事を持てているのだ。

「仕事の量が多い」というのは、疲れます。
もし、仕事がなくなったら、寂しいに違いありません。
仕事がないことは、クビになることよりしんどいことです。
「仕事が終わらない」のは、食べ切れないごちそうと同じです。

24

疲れるのは、一生懸命している証拠。

いい加減な人は、疲れません。
疲れるのは、マジメで一生懸命な人だけです。
幸福感は、一生懸命の中にあります。
あとから振り返ると、「疲れたけど、楽しかった」と思うことができます。

25

「叱られないように」すると、疲れる。「やりたいから」、しよう。

動機には、「しないと叱られるから」と、「やりたいから」の2通りあります。
「叱られないように」は、受け身なので、同じことをしていても疲れます。
自発的にしていることは、疲れるけど、楽しいのです。

26

手を抜くと、疲れる。手間をかけると、楽しくなる。

手を抜くと、楽しくなくなります。
楽しくなくなると、疲れます。
疲れは、仕事を減らすことで、取り除くことはできません。
手間をかけて、楽しくなることで、疲れを忘れることができるのです。

27

やる気を出そうとすると、疲れる。ルーティンにしておくだけでいい。

やる気を、ムリに出そうとすると、疲れます。
やる気は、エネルギーの前借りです。
やる気をムリに出すと、反動がきて、余計疲れます。
ルーティンを淡々とこなしているうちに、やる気は自動的に湧いてきます。

28

一つの仕事が終わるのは、他の新しいことをする時間を神様がくれたのだ。

今までレギュラーでしてきた仕事が終わることがあります。
その時、どっと疲れがきます。
空いた時間で、新しいことにチャレンジするチャンスをもらえたのです。
続いていたら、できなかったことなのです。

29

キャッチボールのコツは、150Kmを投げることではない。とにかく、返すだけでいい。

仕事は、キャッチボールです。
キャッチボールで、大事なことは、
相手が捕りやすいボールを返すことです。
豪速球を投げてしまうと、相手が捕りにくくなってしまうのです。

30

うまくいかない時は、もっと力を入れる努力より、違うやり方ですする工夫をしよう。

努力とは、うまくいかない時、同じやり方で、もっと力を入れてすることです。

努力は、エネルギーを消耗するので、ある時、続かなくなります。

工夫は、うまくいかない時、また次の工夫をしたくなります。

31

叱られた時は、心で受け止めると、疲れる。頭で、受け止めればいい。

心と、頭は、使い分けるのがいい。
叱るのは、人に対してではなく、事に対してです。
事は、頭で冷静に受け止めて、修正すればいい。
心で受け止めると、ダメージが大きくなってしまいます。

32

ツッコまれるのは、愛されている証拠。

からかわれたり、ツッコまれたりするのは、嫌われているからではありません。
嫌いな人に、人は、ツッコみません。
ツッコまれたら「愛されているな」と感じることです。

33

苦情をいただいたのではない。貴重なアドバイスをいただいたのだ。

「苦情を言われた」と考えると、しんどくなります。
「アドバイスをいただいた」と考えると、嬉しくなります。
その差は、表情に出てしまいます。
アドバイスをしたお客様は、またお店に訪れます。

34

「クレームのお客様」ではない。「お困りのお客様」だ。

「クレームのお客様」と解釈すると、身構えます。
「お困りのお客様」と解釈すると、助けてあげたいと思います。
マニュアルは、いらないのです。
お客様の側に立つことです。

35

どうせ会社をやめるなら、ノウハウを身につけてやめればいい。

嫌だからやめていたのでは、負けです。
どうせなら、ノウハウを学んでやめましょう。
ノウハウを学ばないでやめたら、再就職が難しくなります。
ノウハウを学んでやめたら、再就職がしやすくなります。

36

やめる選択肢は、上司ではなく、自分が持っている。

「やめたいけど、やめられない」というのが、しんどい状況です。
やめられない理由は、再就職ができるか心配だからです。
ノウハウを学んでいなければ、やめることはできません。
ノウハウを学んでいれば、やめるかやめないかの選択肢を持てます。

37

雑用は、嫌いな人には頼まない。雑用だらけは、モテモテだということ。

「雑用ばかり、頼まれる」と、グチをこぼしがちです。
雑用は、仕事のできない人には頼みません。
雑用が、はかどらないからです。
雑用を頼まれるということは、能力を見込まれているということです。

38

やる気は、いらない。とりあえず、やるだけでいい。

「どうしたら、やる気が出せますか」と聞かれます。
上司やお客様が求めていることは、やる気ではありません。
やってもらうことです。
やる気よりも、実行を優先しましょう。

39

イーロン・マスクは、1日17時間労働。誰よりも疲れ、誰よりも楽しそう。

イーロン・マスクは、週120時間労働です。7日で割ると、土日なしで、1日17時間です。しんどいけど、楽しいのです。楽を目指すより、楽しむことが大事です。

第3章

「コミュニケーション」に疲れたら

40

失敗したら、人に話そう。笑ってもらえば、ネタになる。

失敗は、つい人に隠したくなります。
話さないから、ますますしんどくなります。
失敗こそ、人に話すことで、楽になります。
せっかくの失敗は、笑いのネタにして、元をとりましょう。

41

嫌なことを話すと、唇が荒れる。楽しいことを話すと、唇が潤う。

唇は、敏感です。
嫌なことを話すと、細胞がダメージを受けます。
鏡で、チェックしてみましょう。
楽しいことを話すのは、最高のリップクリームです。

42

言い訳をすると、疲れる。工夫をすると、楽しくなる。

言い訳をする人は、工夫しません。
工夫をする人は、言い訳しません。
言い訳と、工夫を、同時にすることはできません。
言い訳をしていると、成長しないので、また失敗を繰り返します。

43

アップダウンが激しいと、疲れる。いい時も、良くない時も、淡々と微笑んでいる。

調子のいい時にはしゃぐ人は、疲れます。
はしゃぐことも、エネルギーを消耗します。
淡々としていることが、もっともムダな力を使わずにすみます。
次のチャレンジのために、ムダなエネルギーを使わないことです。

44

「知ったかぶり」は、疲れる。「知らないふり」は、優しくなれる。

知ったかぶりは、「ばれないか」とハラハラします。
「教えてください」と言うことができると、しんどくありません。
知ったかぶりは、知識が増えません。
知ったかぶりをすると、永遠に知ったかぶりを続けることになります。

第4章

「SNS」に疲れたら

45

批判する側に回るより、批判される側に回ろう。

ＳＮＳでは、批判されることもあります。
批判されるということは、自分の考えを持っているということです。
批判される人は、批判しません。
どちらの側に回るかは、自分で選ぶことができます。

46

SNSをしない人への連絡を忘れていないかな。

連絡は、SNSによって便利になりました。
多くの人が、使うようになったけど、SNSを使っていない人もいます。
こまめに連絡をする時に、SNSを使っていない人が、漏れてしまいます。
漏れていることに気づかないこともあるので、要注意です。

47

同じ意見だけを求めると、疲れる。違う意見を楽しむと、ワクワクする。

ネット社会は、同じ意見の人と集まることができます。
そうすると、違う意見の人の話を聞く機会が、少なくなります。
違う意見に対しての免疫力がなくなると、違う意見に疲れます。
違う意見にふだんから接しておくことで、
違う意見への免疫力をつけておくと疲れません。

48

SNS時代の最高の機能は、スルー&削除だ。

新しい道具は、便利な反面、使いこなせないと、疲れます。
SNSの3つの機能は、返信とスルーと削除です。
スルーと削除の機能を活かさないと、疲れます。
スルーと削除に、罪悪感を待たないことが、使いこなすコツです。

49

「嫌な文章」と「いい文章」は、同時に見れない。目に入るのではなく、見ているのだ。

どんなところにも、「嫌な文章」と「いい文章」はあります。
「嫌なことばかり、目につく」のではなく、
「嫌なことばかり、見ている」のです。
見ていない嫌な文章は、存在しないのと同じです。

第5章

「恋愛」に疲れたら

50

愛の形は、一つではない。新しい愛は、毎日生まれている。

「愛の形は、こうあるべき」と考えると、しんどくなります。
相手も、自分も、疲れます。
愛の形は、人の数だけあります。
しかも、毎日、新しい愛のバリエーションが増え続けているのです。

51

短所は、直さなくていい。たった一個の長所があれば、短所は魅力になる。

短所を気にすると、疲れます。
そんなに簡単に直らないからです。
「短所がないから」と好かれることは、ありません。
好かれるには、たった一つの長所があるだけでいいのです。

52

相手は、怒っているんじゃない。心細くなっているだけだ。

相手が怒っていると思うと、疲れます。
怒っているのは手段で、心細さを、
怒るという形で表しているだけです。
表面的な手段に惑わされて、本質を見失わないことです。

53

自分のことを考えると、不安になる。相手のことを考えると、思いやりになる。

不安は、自分のことを優先に考えるところから、生まれます。
相手優先に考えると、不安を忘れることができます。
不安を感じ始めたら「相手は大丈夫かな」と考えればいいのです。
思いやりを持っている時、不安は感じないのです。

54

「特別な存在」かどうかは、自分で決めればいい。

相手にとって、自分がどんな存在か、ハッキリしないと不安になります。
恋愛は、曖昧なものなのです。
曖昧は、疲れるけど、楽しいものなのです。

第6章

「勉強」に疲れたら

55

暗記は、全員共通の参加賞。
気づきは、自分だけの特別賞。

暗記は、正解しないといけないので、疲れます。
気づきは、正解がないので、疲れません。
暗記は、みんなと同じでないといけないので、疲れます。
気づきは、みんなと違うので、楽しめます。

56

頭で考えると、疲れる。体に任せると、楽しくなる。

習い事をする時、頭で考えると、頭脳疲労になります。
どうして覚えられないんだろうと悩むと、心の疲労になります。
体で感じて、覚えると、頭脳疲労や心の疲労はありません。
体が、勝手に覚えてくれて楽しくなるからです。

57

疲れを感じる時は、勉強するチャンスタイム。

疲れは、何もしていない時に、感じます。
勉強している間は、疲れを感じません。
勉強している間は、不安も感じているヒマがありません。
ヒマは、不安を広げていくのです。

58

楽しいことも、ストレスになる。発表会では、見られるのではなく、見せる。

人前が苦手な人は、「見られること」にストレスを感じます。
仕事だけでなく、好きな習い事の発表会でも、ストレスを感じます。
「見られること」が疲れるのは、受け身だからです。
自発の「見せる」になると、楽しくなります。

59

壁を一気に登ろうとすると、疲れる。階段で上がれば、楽しい。

疲れてくると、一発逆転を狙います。
階段ではなく、壁をよじ登ろうとするので、余計、疲れます。
疲れるから、ますます、一発逆転を狙うという負のスパイラルです。
コツコツ一段ずつ上っていくのが、一番疲れず、速いのです。

第7章

「お金」のことが不安になったら

60

「元々あった」と思うと、損した感が生まれる。「元々なかった」と思うと、得した感が生まれる。

疲れる人は、「損したくない」という感情を常に抱いています。
と同時に、「損している感」をいつも抱いています。
最高と比べることで、「損した感」は、生まれます。
「元々なかったもの」と考えることで、心の負債から抜け出せるのです。

61

不安があるというのは、失う財産を持っている証拠だ。失う財産がない人は、不安もない。

不安とは、「なくなったら、どうしよう」です。
なくなった人は、不安を感じません。
不安を感じている時点で、何かを持っているのです。
持てば持つほど、「なくなったらどうしよう」と不安になるのです。

62

貯金は、なくなる。勉強と体験は、なくならない。

不安な人は、「万が一」のために、貯金します。
貯金は、一気に、減ります。
勉強と体験は、一度入ると、なくなりません。
お金を、勉強と体験に変えることで、なくならないものに交換できるのです。

63

値段を見ると、「高い」と感じる。価値を見つけると、値段は気にならない。

不安な人は、あらゆるモノを「高い」と感じます。
不安は人は、値段と比較しているからです。
不安のない人は、価値を感じます。
価値に気づくことで、お金を使うことへの不安を感じなくなります。

64

「会社のお金」を大切にする人が、給料が上がる。

自分のお金を優先的に考える人は、会社のお金に関しては、不安を感じません。

自分の給料より、会社の売上を優先的に考える人は、給料が上がるので、不安を感じなくなります。

65

「損得」を考えると、疲れる。「意味」を考えると、楽しくなる。

不安を感じる人は、「損か得か」が判断基準にあります。
その結果、「損をしている」とストレスを感じます。
不安を感じない人は、「意味は何か」を判断基準にしています。
その結果、「これには、意味がある」と満足感を得られるのです。

66

タクシーで、言われる前にシートベルトをすると、不思議と、料金が安くなる。

不安な人は、シートベルトを締めることより、金額を気にします。
不安のない人は、タクシーの運転手さんに言われる前に、シートベルトを締めます。
運転手さんに気に入られて、メーターを入れるのを少し遅くしてもらえます。

67

トロと赤身に、味の上下はない。好みがあるだけだ。

不安な人は、ケチなのに、「ケチと思われたくない」と感じています。
トロと赤身があったら、トロを頼んでしまいます。
赤身のほうが好きなのに、見栄でムダ遣いをしてしまいます。
高いお金を払って、好きではないほうを、選んでしまい、ますます疲れるのです。

第8章

「健康」が不安になったら

68

疲れるのは、正常。頑張りすぎて、壊れないため。

疲れると、「自分は、やる気のない人間ではないか」と自分を責めて、ますます疲れます。

疲れることは、脳のプログラムです。

限界を超えて、体を壊さないように、

「疲れる」という安全装置を働かせているのです。

69

怖い夢を見るのは、頑張っている証拠。

怖い夢を見ると「正夢ではないか」と心配して、ますます疲れます。
夢は、心のストレスを押し流してくれます。
起きている間に溜まっている無意識のストレスを、
「怖い夢」という形で、押し流してくれているので、いいことなのです。

70

疲れた時は、しっかり疲れておく。そうすることで、元気が湧いてくる。

疲労と元気は、ブランコです。
しっかり疲れた人は、元気いっぱいになります。
疲れを、無理やり止めなくていいのです。
無理やり止めると、元気も出なくなってしまいます。

71

いつも元気な人は、疲れているところが見えないだけだ。

「自分が人より疲れている」と思うと、ますます疲れます。
まわりを見ると、いつも元気な人がいます。
それに比べると、自分は元気が足りないと感じてしまいます。
いつも元気な人の「疲れているところ」を見ていないだけです。

72

体が冷えると、疲れがとれない。体を温めると、前向きになる。

疲れている時は、体が冷えます。
体が冷えると、疲れます。
疲れをとるには、体を温めることです。
救助された人も、温かいスープで、体と心を温めるのです。

73

リハビリの間は、「バージョンアップ中」と考える。

病気やケガをした時は、不安になります。
「時間をムダにしているのではないか」という考えが、ますます疲れを呼びます。
バージョンアップ中と考えると、ムダな時間に感じません。

第9章

「家族」に疲れたら

74

家族は、もっとも距離が近い他人。そのわりには、優しい。

距離が近い人ほど、上手に付き合わないと、疲れます。家族を、まわりの人とは違うと考えると、疲れます。家族も、まわりの人と同じ人格のある一人の人間です。「他人のわりには、優しい人」という距離感で接すると、感謝の気持ちが湧いてきます。

75

朝起きたら、「明るい話題」をしよう。

朝起きた時の最初の話題は、大切です。
疲れる人は、朝から、暗い話題を話します。
暗い話題を話すことで、自分も家族も、暗くしてしまいます。
朝一番の話題を、明るい話題にしましょう。

76

寝る前に、「今日あった爆笑ネタ」を思い出そう。

寝る前の話題は、大事です。

どんなにしんどいことがいっぱいあった一日でも、寝る前の話題が、明るい話題であれば、いい一日として眠れます。

寝る前の話題を選べるのが、家族なのです。

77

寝る前に、「明るくて、くだらない話」をしよう。

脳は、寝ている間も、作業をしてくれています。

寝る前に解決しなければならない難しい話をしてしまうと、寝ている間、脳はその問題を考え続けます。

くだらない話で頭の中をお花畑にしてから寝ましょう。

78

子どもは、言うことを聞かなくていい。親の言いなりの子どもは、社会で生きていけなくなる。

「子どもが、親の言うことを聞かない」と、親は疲れています。
子どもが、親の言うことを聞かなくなるのは、自立心の目覚めです。
自立心が目覚めないで、社会に出てしまうと、
誰かの言いなりになる大人になってしまいます。

79

どんな高級なごちそうも、毎日食べる家のご飯に、かなわない。

家で、高級レストランのごちそうメニューは出ません。
高級メニューは、毎日食べることはできません。
家の味のご飯を食べることが、一番、癒やされる瞬間なのです。
疲れたら、家のご飯を食べると、心が落ち着きます。

80

家族の小遣いの使い道に、口を出さない。違いを、楽しもう。

夫婦でも、価値観が違います。
価値観が違うとは、お小遣いの使い道が違うということです。
パートナーから見たら、ムダ遣いに見える使い方かもしれません。
それは、価値観の違いなので、尊重し合えばいいのです。

第10章

「生活」に疲れたら

81

後ろに並んでいる人に気配りすると、イライラしない。

疲れると、視野が狭くなり、視野が狭くなると、ますます疲れます。
並んでいる時、前にいる人に、イライラして疲れます。
自分の後ろにも並んでいることに、気づきません。
後ろに並んでいる人に気配りすることで、視野が広がり、
疲れを感じなくなります。

82

冒険は、日常の中にある。たまには、デザートを先に食べてもいい。

同じことを繰り返していると、心の疲れが溜まります。
たまには、冒険してみることです。
冒険は、ジャングルに行かなくても、生活の中でできます。
最初に食べてはいけないデザートを、最初に食べることも、日常の冒険です。

83

「混んでいる」と感じると、疲れる。「賑わっていて、良かった」と感じよう。

観光地で「混んでいる」と感じると、疲れます。

「賑わっている」と感じると、人気のスポットに来られていることに、幸福感を感じます。

「〜して、良かった」と声にすることで、幸福感を感じることができます。

84

通勤は、無料のフィットネスクラブ。いい汗をかかせてくれる。

「通勤電車が、混んでいる」と考えると、疲れます。

「運動不足だけど、フィットネスクラブに入会しても、行かなくなるし」

と考えて、また疲れます。

通勤電車を、無料のフィットネスクラブと考えれば、一挙両得です。

85

探しものに、イライラしない。モノだって、たまには一人になりたい。

探しものが、見つからない時は、イライラします。
イライラは、エネルギーを消耗して、疲れます。
人間だって、一人になりたい時があるのだから、
お世話になっているモノにも、たまには休暇をあげましょう。

86

玄関の靴を、きちんと揃えると、疲れがとれる。

疲れると、家の中が散らかり始めます。
散らかると、脳が常にモノを探すため疲れます。
平気なつもりでも、脳が疲れているのです。
まず靴を揃えることで、脳の疲れがとれていきます。

87

自然から離れていると、疲れる。自然に触れよう。

疲れの原因は、リズムのズレです。
現代社会では、自然と接する機会が極端に少ないです。
一見、木の机も、触れているのは、塗料です。
自然のものに触れることで、自然のリズムを取り戻せます。
人間も、自然の一部です。

第11章

「明日」が不安になったら

88

寝る前に、明日する楽しいことを思い浮かべよう。

明日することに「面倒なこと」と「楽しいこと」があります。
「面倒なこと」を寝る前に思い出すと、明日が来るのが嫌になります。
明日が嫌になると、将来全部が、不安になります。
「楽しいこと」を思い浮かべることで、明日も、将来も楽しくなります。

89

今日も、できた。
明日は、もっとできる。

「今日、できたこと」と「今日、できなかったこと」があります。
「今日、できたこと」を思い出してみましょう。
「だから、明日はもういい」ではありません。
「明日は、もっとできる」と考えることで、明日が楽しみになります。

90

「今日、いくつ回収できた」より、「今日、いくつ種をまいたか」。

回収を考えると、しんどくなります。

回収は、自分で決めることができない受け身の行動だからです。

種まきは、自分でできる自発的行動です。

自分で操作できることを考えることで、楽しくなっていきます。

91

人生は、選べないガチャ。
でも、人生のガチャは、引き放題。

「才能も環境も、選べないガチャ」と考えると、疲れます。
ただし、人生のガチャは、引き放題です。
どこまででも、引き続けることで、状況は変わってきます。
しんどい状況であきらめるから、しんどいままなのです。

92

天国にいる人が、アドバイスをしてくれている。聞くかどうかは、自分次第。

「誰も、アドバイスをしてくれない」と考えると、しんどくなります。
天国から、アドバイスをしてくれている人がいます。
それが、小さく聞こえる「ヒラメキ」です。
「ヒラメキという天国からのアドバイス」を信じて実行するかどうかは、
自分次第なのです。

93

わからないことは、考えない。明日は、明日に考えさせる。

「どうなるか、わからない」と不安な人は、しんどくなります。
「わからないこと」は、考えても疲れるだけです。
「わからないこと」は、考えないことです。
明日のことを考えるのは、「明日さん」の役割なのです。

94

結果を求めると、疲れる。
プロセスを楽しむと、楽しくなる。

「うまくいくかどうか、わからない」としんどくなっている人は、結果を求めています。

プロセスを楽しめる人は、結果に左右されません。

受け身の人は結果を求め、自発的な人はプロセスを楽しむのです。

95

人生に、○も×もない。△と△から、△を選ぶのだ。

疲れる人は、×を避けて、○を探しています。
○や×があるのは、学校だけで、社会にはありません。
社会にあるのは、すべて△です。
多くの△から、好きな△を選ぶ人が、
間違いがないので、楽しくなります。

96

テーマパークも人生も、待っている時間が楽しい。

不安な人は、結果を焦ります。
待ち時間が嫌いで、疲れます。
人生は、待ち時間の連続です。
プロセスを楽しめる人は、待ち時間を楽しめます。

97

目先を見ると、疲れる。うつむかないで、空を見上げよう。

疲れると、うつむきます。
うつむくと、先を見ないので、将来が不安になります。
うまくいかない時は、空を見上げましょう。
空を見上げることで、視点が高くなって、不安がなくなります。

98

ゴールを目指すから、しんどくなる。ゴールも、通過点。

疲れる人は、ゴールを目指しています。
疲れを感じない人にとって、ゴールは通過点に過ぎません。
登山家にとって、頂上は、ゴールではなく、通過点です。
だから、登り続けることができるのです。

99

条件をつけるから、しんどくなる。信じる時には、条件をつけない。

疲れる人は、「〜してくれたら、信じる」と好きなものにも、条件をつけます。

好きなものを信じることができず、自分を信じることができません。

疑うことで、エネルギーを消耗します。

好きなものとは、条件なしで、信じることができるものです。

100

見返りがなくても、好きなものが、好きなもの。

疲れる人は、「見返りが、あるかどうか」と不安になって、疲れます。
好きなものとは、「見返りを、求めないもの」のことです。
「見返りをくれたら、好きになる」は、好きなものではありません。
「それをしているだけで、見返りなしに幸せ」と感じるもののことです。

101

今合わないジグソーパズルのピースは、あとで、ぴったりはまる。

不安な人は、「ムダなことをしたくない」と焦ります。
ジグソーパズルのピースが合わないと、イライラして疲れます。
今合わないピースは、あとで合うのです。
人生のジグソーパズルに、不要なピースは一つもないのです。

102

チェンジの時に、全速力で守備につくチームが、勝つ。

疲れる人は、切り替えが苦手です。

「せっかく、チャンスだったのに、なんで」と、チェンジになっても、グズグズしています。

走ってキビキビ守備につくことで、頭を切り替えることができます。

103

見送り三振は、疲れる。空振り三振は、次がある。

疲れる人は、空振りを恐れます。
「見送り三振」は、何もしなかったという後悔が残ります。
「空振り三振」は、やれることはやったと納得できます。
「見送り三振」で、
「監督に見捨てられたらどうしよう」という不安が始まり疲れるのです。

104

「漠然とした不安」を、行動して具体的にすることで、課題になる。

「漠然とした不安」は、疲れます。
具体的な行動に移れないからです。
具体的に動けば「具体的な課題」が出ます。
「具体的な課題」から「具体的な作戦」に移れます。

105

「なりたい自分」がすることは、する。「なりたい自分」がしないことは、しない。

疲れるのは、自己肯定感が下がることをするからです。
「しようかどうか」迷った時は、今の自分で判断しないことです。
「なりたい自分」は、するかどうかを考えてみましょう。
「なりたい自分」がすることをすることで、
自己肯定感が上がります。

第12章

「生きること」に疲れたら

106

「ちょっと嬉しかったこと」を、一つ思い出そう。二つ目が、見つかる。

疲れた時は、「嬉しかったことが一つもない」と感じます。
「嬉しかったことがない」のではありません。
「嬉しかったこと」を、探していないだけです。
「小さな嬉しかったこと」を、まずは一つ探してみましょう。
すると、二つ目が見つかります。

107

手段のためにしていることは、疲れる。目的のためにしていることは、疲れるけど、楽しい。

「駅の階段を上ること」は、しんどいです。

「憧れの人は、階段を上っているから、自分も階段を使う」と考えると、できそうです。

憧れの人のマネは、しんどくても、楽しいのです。

108

疲れるかどうかではなくて、楽しいかどうか。楽しいことで、疲れよう。

「疲れ」を取り除くことは、難しい。
「疲れ」を忘れることは、できます。
「楽しいこと」があれば、「疲れ」を取り除くことができます。
「疲れ」を取り除くより、「楽しいこと」を見つければいいのです。

109

「助けてもらおう」と思うと、疲れる。「助けよう」としていると、元気になる。

「誰か、なんとかして」と受け身になると、疲れます。
「目の前の人を、助けよう」と自発的姿勢になると、元気が出てきます。
助けることに、理由はいりません。
脳の中に、人を助けるというプログラムが初期仕様で入っています。

110

ピンチになったら、憧れの人を演じる。ただし、最後まで演じきる。

誰しも、「憧れの人」を演じます。
途中で、「やっぱりムリ」と考えると、急に疲れがきます。
大事なことは、憧れの人を、最後まで演じきることです。
憧れの人を演じきることが、「好き」ということです。

111

幸福なのに、幸福感がない人もいる。幸福でなくても、幸福感があればいい。

心の疲れは、幸福感がないところから、生まれます。
幸福になれば、幸福感があるわけではありません。
幸福は、他者から与えられるものです。
幸福感は、自分で手に入れるものなのです。

112

性格は、変えなくていい。行動するだけでいい。

疲れている人は、自分の性格を変えようと悪戦苦闘しています。
性格は、個性なので、むしろ変えないほうがいいのです。
変えるといいのは、行動です。
アガサ・クリスティーは、社交が苦手だったので、
一人で冒険の旅に出たのです。

113

今までの自分を否定しなくていい。新しい自分を、追加すればいい。

「生まれ変わる」とは、過去の自分を否定することではありません。
過去の自分を否定されると、しんどくなります。
今までしてきたことは、かけがえのない財産です。
今までを捨てずに、新しい自分を追加すればいいのです。

114

根性をつけなくてもいい。根性がないのに、やるほうがカッコいい。

「自分は、根性がない」と思うと、しんどくなります。
根性は、なくていいのです。
根性がないのに、行動するほうがカッコいいのです。
英語ができないのに、海外へ行くほうが、カッコいいのです。

115

楽しむコツは、ベストを尽くすこと。ヘトヘトになって、ちょうどいい。

ベストを尽くさないと、楽しくありません。

「うまくいかなかったのは、全力を出さなかったから」と、うまくいかなかった時の予防線として、手を抜き始めるのです。

ベストを尽くすと、涙が出ます。

その涙は、全力を出し切った満足の涙なのです。

116

余力を残すと、後悔が残る。

ヘトヘトは、疲れが回復します。
「ヘトヘトのふり」は、疲れが回復しないのです。
ヘトヘトの人は、カッコいい。
うまくいかなくても、カッコいいのです。

117

事実だけを見ると、つらくなる。想像を広げると、楽しくなる。

結果は、数字や勝ち負けで、目に見えます。
目に見えない成果を見ると、元気が湧いてきます。
見えるものだけ見ると、悪意にとることもできるので、疲れてしまいます。
「見えない善意」を想像することで、元気が湧いてきます。

118

意識は変えなくていい。行動を変えれば、意識は変わる。

「意識を変えること」は、見えないことなので、なかなか難しい。
意識を変えなくていいので、小さな行動を変えてみることです。
「小さな行動」を変えることで、意識が変わるキッカケになります。
何かを変える時は、変えやすいほうから変えてみることです。

119

全部うまくいくのは、品がない。全部うまくいかなくて、ちょうどいい。

全部うまくいくのは、運を独り占めしている状態です。
うまくいかない人を、せつなくさせます。
全部うまくいくと、工夫をしなくなります。
工夫をしなくなると、品がなくなります。

120

「あの人は、才能があるから」と考えることで、疲れる。

「あの人と違う」と言い訳することで、しんどくなります。
違うという壁は、自分が作ってしまっているのです。
「あの人も、自分と同じ」と考えることで、可能性を感じます。
「あの人は、どうしているのか」と、工夫を学べるのです。

121

たまに嫌なことがある人生より、たまに嬉しいことがある人生が、幸せ。

「全部、うまくいく」のは、目標を下げてしまっています。
目標を下げてしまっては、達成してもワクワク感が出ません。
90点は、マイナス10点が気になって、しんどくなります。
10点は、プラス90点が、明日への希望になります。

122

「ダメな自分」も、受け入れないと、しんどくなる。「ダメな自分」も、受け入れることで、成長が始まる。

「ダメな自分」を受け入れることで、改善が始まります。
「ダメなまま、受け入れる」とは、「愛する」ことです。
まず、自分が最初に、自分を受け入れて、愛してあげましょう。

123

奇跡は、起こるとは、言えない。起こらないとも、言えない。

「奇跡なんて、起こらない」と言うことを、「あきらめる」と言います。
「起こりにくい」けど、「起こらない」わけではないのです。
「可能性が1％しかない」というのは、
「1％は残っている」ということです。

124

チャンスは、疲れている時に、やってくる。

チャンスは、元気いっぱいの時に、やってきません。
よりにもよって、ヘトヘトの時にやってきます。
ヘトヘトの時でも、する人は、チャンスをつかみます。
疲れた時は、チャンスがやってくるタイミングです。

125

自分の知らなかった能力は、疲れた時に、気づく。

ヘトヘトになって、自分のタンクが空っぽになった時、知らなかった自分の第2タンクが、開きます。

「自分に、こんな能力があったんだ」と気づけます。

追い詰められることで、特技に目覚めます。

126

好きなものには、疲れた時に、出会える。

「疲れて、好きなことをする元気が出ない」とグチをこぼします。
それでは、好きなことに申し訳ない。
好きなこととは、ヘトヘトの時でも、したいことです。
ヘトヘトの時にしたいことが、本当に好きなことです。

127

他人の答えをマネして生きると疲れる。自分で選ぼう。

他人の答えをマネして、正解しても楽しくありません。
他人の答えをマネして、間違いだったら、余計ショックです。
どうせ間違えるなら、自分の選択で、間違えましょう。
そのほうが、疲れません。

128

コップの水は、汚れているのではない。濁っているだけで、澄んでいく。

「汚れてしまった」と感じると、絶望感に打ちひしがれます。
絶望すると、ヘトヘトになります。
汚れているのではなく、濁っているだけです。
濁りは、時間が経つと、澄んでいきます。

129

「なりたい自分」を持つと、面倒くさい問題は、解決したい課題に変わる。

問題とは、「面倒くさいこと」です。
課題とは、「なりたい自分になるために、挑戦すること」です。
問題は、疲れます。
課題は、希望をもらえます。

130

電車で席を譲ると、疲れがとれる。

ある日、疲れきって、地下鉄で座りました。
そんな日に限って、おばあさんが乗ってきました。
「今日だけは、気づかないふりをしよう」と思ったけど、席を譲りました。
譲った瞬間、疲れが消えていました。

主な作品一覧 2023

【ダイヤモンド社】

『60代でしなければならない50のこと』
『面接の達人 バイブル版』
『なぜあの人は感情的にならないのか』
『50代でしなければならない55のこと』
『なぜあの人の話は楽しいのか』
『なぜあの人はすぐやるのか』
『なぜあの人は逆境に強いのか』
『なぜあの人の話に納得してしまうのか［新版］』
『なぜあの人は勉強が続くのか』
『なぜあの人は仕事ができるのか』
『25歳までにしなければならない59のこと』
『なぜあの人は整理がうまいのか』
『なぜあの人はいつもやる気があるのか』
『なぜあのリーダーに人はついていくのか』
『大人のマナー』
『プラス1％の企画力』
『なぜあの人は人前で話すのがうまいのか』

『あなたが「あなた」を超えるとき』
『中谷彰宏金言集』
『こんな上司に叱られたい。』
『フォローの達人』
『「キレない力」を作る50の方法』
『女性に尊敬されるリーダーが、成功する。』
『30代で出会わなければならない50人』
『20代で出会わなければならない50人』
『就活時代しなければならない50のこと』
『あせらず、止まらず、退かず。』
『お客様を育てるサービス』
『あの人の下なら、「やる気」が出る。』
『なくてはならない人になる』
『人のために何ができるか』
『キャパのある人が、成功する。』
『時間をプレゼントする人が、成功する。』
『明日がワクワクする50の方法』
『ターニングポイントに立つ君に』
『空気を読める人が、成功する。』
『整理力を高める50の方法』

『迷いを断ち切る50の方法』
『なぜあの人は10歳若く見えるのか』
『初対面で好かれる60の話し方』
『成功体質になる50の方法』
『運が開ける接客術』
『運のいい人に好かれる50の方法』
『本番力を高める57の方法』
『運が開ける勉強法』
『バランス力のある人が、成功する。』
『ラスト3分に強くなる50の方法』
『逆転力を高める50の方法』
『最初の3年 その他大勢から抜け出す50の方法』
『ドタン場に強くなる50の方法』
『アイデアが止まらなくなる50の方法』
『思い出した夢は、実現する。』
『メンタル力で逆転する50の方法』
『自分力を高めるヒント』
『なぜあの人はストレスに強いのか』
『面白くなければカッコよくない』
『たった一言で生まれ変わる』

『スピード自己実現』
『スピード開運術』
『スピード問題解決』
『スピード危機管理』
『一流の勉強術』
『スピード意識改革』
『お客様のファンになろう』
『20代自分らしく生きる45の方法』
『なぜあの人は問題解決がうまいのか』
『しびれるサービス』
『大人のスピード説得術』
『お客様に学ぶサービス勉強法』
『スピード人脈術』
『スピードサービス』
『スピード成功の方程式』
『スピードリーダーシップ』
『出会いにひとつのムダもない』
『なぜあの人は気がきくのか』
『お客様にしなければならない50のこと』
『大人になる前にしなければならない50のこと』

『なぜあの人はお客さんに好かれるのか』
『会社で教えてくれない50のこと』
『なぜあの人は時間を創り出せるのか』
『なぜあの人は運が強いのか』
『20代でしなければならない50のこと』
『なぜあの人はプレッシャーに強いのか』
『大学時代しなければならない50のこと』
『あなたに起こることはすべて正しい』

【きずな出版】

『チャンスをつかめる人のビジネスマナー』
『生きる誘惑』
『しがみつかない大人になる63の方法』
『「理不尽」が多い人ほど、強くなる。』
『グズグズしない人の61の習慣』
『イライラしない人の63の習慣』
『悩まない人の63の習慣』
『いい女は「涙を背に流し、微笑みを抱く男」とつきあう。』
『ファーストクラスに乗る人の自己投資』
『いい女は「紳士」とつきあう。』

『ファーストクラスに乗る人の発想』
『いい女は「言いなりになりたい男」とつきあう。』
『ファーストクラスに乗る人の人間関係』
『いい女は「変身させてくれる男」とつきあう。』
『ファーストクラスに乗る人の人脈』
『ファーストクラスに乗る人のお金』
『ファーストクラスに乗る人の仕事』
『ファーストクラスに乗る人の教育』
『ファーストクラスに乗る人の勉強』
『ファーストクラスに乗る人のお金2』
『ファーストクラスに乗る人のノート』
『ギリギリセーーフ』

【リベラル社】

『好かれる人の言いかえ』
『好かれる人は話し方が9割』【文庫】
『20代をどう生きるか』
『30代をどう生きるか』【文庫】
『メンタルと体調のリセット術』
『新しい仕事術』

『眠れなくなるほど面白い哲学の話』
『1分で伝える力』
『「また会いたい」と思われる人「二度目はない」と思われる人』
『モチベーションの強化書』
『50代がもっともっと楽しくなる方法』
『40代がもっと楽しくなる方法』
『30代が楽しくなる方法』
『チャンスをつかむ　超会話術』
『自分を変える　超時間術』
『問題解決のコツ』
『リーダーの技術』
『一流の話し方』
『一流のお金の生み出し方』
『一流の思考の作り方』
『一流の時間の使い方』

【PHP研究所】
『自己肯定感が一瞬で上がる63の方法』【文庫】
『定年前に生まれ変わろう』
『メンタルが強くなる60のルーティン』

『中学時代にガンバれる40の言葉』
『中学時代がハッピーになる30のこと』
『もう一度会いたくなる人の聞く力』
『14歳からの人生哲学』
『受験生すぐにできる50のこと』
『高校受験すぐにできる40のこと』
『ほんのささいなことに、恋の幸せがある。』
『高校時代にしておく50のこと』
『お金持ちは、お札の向きがそろっている。』【文庫】
『仕事の極め方』
『中学時代にしておく50のこと』
『たった3分で愛される人になる』【文庫】
『「できる人」のスピード整理術』【図解】
『「できる人」の時間活用ノート』【図解】
『自分で考える人が成功する』【文庫】
『入社3年目までに勝負がつく77の法則』【文庫】

【大和書房】
『いい女は「ひとり時間」で磨かれる』【文庫】
『大人の男の身だしなみ』

『今日から「印象美人」』【文庫】
『いい女のしぐさ』【文庫】
『美人は、片づけから。』【文庫】
『いい女の話し方』【文庫】
『「女を楽しませる」ことが男の最高の仕事。』【文庫】
『男は女で修行する。』【文庫】

【水王舎】
『なぜ美術館に通う人は「気品」があるのか。』
『なぜあの人は「美意識」があるのか。』
『なぜあの人は「教養」があるのか。』
『結果を出す人の話し方』
『「人脈」を「お金」にかえる勉強』
『「学び」を「お金」にかえる勉強』

【青春出版社】
『言い換えで、人生が変わる。』
『人はマナーでつくられる』
『50代「仕事に困らない人」は見えないところで何をしているのか』

『50代でうまくいく人の無意識の習慣』
『いくつになっても「求められる人」の小さな習慣』

【あさ出版】
『孤独が人生を豊かにする』
『気まずくならない雑談力』
『「いつまでもクヨクヨしたくない」とき読む本』
『「イライラしてるな」と思ったとき読む本』
『なぜあの人は会話がつづくのか』

【自由国民社】
『期待より、希望を持とう。』
『不安を、ワクワクに変えよう。』
『「そのうち何か一緒に」を、卒業しよう。』
『君がイキイキしていると、僕はうれしい。』

【すばる舎リンケージ】
『仕事が速い人が無意識にしている工夫』
『好かれる人が無意識にしている文章の書き方』
『好かれる人が無意識にしている言葉の選び方』
『好かれる人が無意識にしている気の使い方』

【日本実業出版社】
『出会いに恵まれる女性がしている63のこと』
『凛とした女性がしている63のこと』
『一流の人が言わない50のこと』
『一流の男　一流の風格』

【かざひの文庫】
『銀座スタイル』
『本に、オトナにしてもらった。』
『そのひと手間を、誰かが見てくれている。』

【河出書房新社】
『一流の人は、教わり方が違う。』【新書】
『成功する人のすごいリアクション』
『成功する人は、教わり方が違う。』

【現代書林】
『チャンスは「ムダなこと」から生まれる。』
『お金の不安がなくなる60の方法』
『なぜあの人には「大人の色気」があるのか』

【ぱる出版】
『品のある稼ぎ方・使い方』
『察する人、間の悪い人。』
『選ばれる人、選ばれない人。』

【DHC】
『会う人みんな神さま』ポストカード
『会う人みんな神さま』書画集
『あと「ひとこと」の英会話』

【第三文明社】
『中谷彰宏の子育てワクワク作戦』
『仕事は、最高に楽しい。』

【ユサブル】
『迷った時、「答え」は歴史の中にある。』
『1秒で刺さる書き方』

【大和出版】
『自己演出力』
『一流の準備力』

【リンデン舎】
『状況は、自分が思うほど悪くない。』
『速いミスは、許される。』

【毎日新聞出版】
『あなたのまわりに「いいこと」が起きる70の言葉』
『なぜあの人は心が折れないのか』

【文芸社】
『全力で、1ミリ進もう。』【文庫】
『贅沢なキスをしよう。』【文庫】

【総合法令出版】
『「気がきくね」と言われる人のシンプルな法則』
『伝説のホストに学ぶ82の成功法則』

【東京ニュース通信社】
『自分の本を出すためのバイブル』

【ベースボール・マガジン社】
『「生活のアスリート」になろう。』

【春陽堂書店】
『色気は、50歳から。』

【エムディエヌコーポレーション】
『カッコいい大人になろう』

【彩流社】
『40代「進化するチーム」のリーダーは部下をどう成長させているか』

【学研プラス】
『読む本で、人生が変わる。』

【WAVE出版】
『リアクションを制する者が20代を制する。』

【二見書房】
『「お金持ち」の時間術』【文庫】

【ミライカナイ】
『名前を聞く前に、キスをしよう。』

【イースト・プレス】
『なぜかモテる人がしている42のこと』【文庫】

撮影／為広麻里

「本の感想など、どんなことでも、
あなたからのお手紙を楽しみにしています。
僕は、本気で読みます。」 中谷彰宏

送り先
〒171-0022
東京都豊島区南池袋2-9-9　第一池袋ホワイトビル6階
株式会社あさ出版　編集部気付　中谷彰宏行
※食品、現金、切手などの同封は、ご遠慮ください。（編集部）

【中谷彰宏公式サイト・an-web】
https://an-web.com/

【YouTube・中谷彰宏チャンネル】
https://youtube.com/@nakatani_akihiro.official

中谷彰宏は、盲導犬育成事業に賛同し、この本の印税の一部を（公財）日本盲導犬協会に寄付しています。

著者紹介

中谷彰宏（なかたに・あきひろ）

1959年、大阪府生まれ。早稲田大学第一文学部演劇科卒業。
博報堂勤務を経て、独立。91年、株式会社中谷彰宏事務所を設立。
「中谷塾」を主宰。セミナー、ワークショップ、オンライン講座を行っている。

うまくいかなくて、ちょうどいい。
「もう疲《つか》れた」と思《おも》ったら読《よ》む本《ほん》

〈検印省略〉

2023年 8 月 26 日 第 1 刷発行

著　者――中谷 彰宏（なかたに・あきひろ）
発行者――田賀井 弘毅
発行所――株式会社あさ出版

〒171-0022 東京都豊島区南池袋 2-9-9 第一池袋ホワイトビル 6F
電　話 03 (3983) 3225 (販売)
03 (3983) 3227 (編集)
F A X 03 (3983) 3226
U R L http://www.asa21.com/
E-mail info@asa21.com

印刷・製本 (株) ベルツ

note http://note.com/asapublishing/
facebook http://www.facebook.com/asapublishing
twitter http://twitter.com/asapublishing

ISBN978-4-86667-635-7 C2034